Predigten aus Bethel

In der Welt habt ihr Angst, aber seid getrost

Predigten
von

**Johannes Busch
Wilhelm Gysae
Alfred Jäger
Traugott Stählin**

v. Bodelschwinghsche Anstalten Bielefeld-Bethel

Die vier Predigten wurden in der Zeit vom 31. Oktober bis zum Buß- und Bettag am 17. November 1982 in der Zionskirche Bethel gehalten.

Der Kanon „In der Welt habt ihr Angst" wurde von Kantor Friedemann Gottschick, Bethel, für diesen Predigt-Zyklus gesetzt.

CIP-Kurztitelaufnahme der Deutschen Bibliothek:

In der Welt habt ihr Angst, aber seid getrost: Predigten; [d. 4 Predigten wurden in d. Zeit vom 31. Oktober bis zum Buß- u. Bettag am 17. November 1982 in d. Zionskirche Bethel gehalten] / v. Bodelschwinghsche Anst., Bielefeld-Bethel. Von Johannes Busch . . . [Red.: Barbara Glauert-Hesse]. – 1. Aufl. – Bielefeld-Bethel: v. Bodelschwinghsche Anst., 1983.
ISBN 3-922463-25-8
NE: Busch, Johannes [Mitverf.]; Von Bodelschwinghsche Anstalten <Bethel>

© 1983 v. Bodelschwinghsche Anstalten. 4800 Bielefeld 13.
Gestaltung: Klaus-Peter Pohlan, Umschlag: Hans-Georg Vogt.
Redaktion: Babara Glauert-Hesse.
Druck: Graph. Betrieb Ernst Gieseking, Bielefeld-Bethel.
ISBN 3-922463-25-8

Inhalt

In der Welt habt ihr Angst, in der Welt habt ihr Angst, aber seid ge-trost: aber seid ge-trost: ich ha — be die Welt über — wun — den.

zum Abschluß:

Christ ist er — stan — den.

6

Wir laden ein nachzulesen, was uns im Spätherbst 1982 in vier aufeinander folgenden Gottesdiensten in der Zionskirche in Bethel beschäftigt hat.

Wir, das ist eine große hörende, betende und singende Gemeinde, gesunde und kranke Menschen, die alltags an einem Ort leben, lernen und arbeiten und die im Gottesdienst Orientierung suchen für sich selbst und für ihren gemeinsamen Weg.

Wir, das sind vier Prediger, zwei theologische Lehrer der Kirchlichen Hochschule Bethel und zwei Pastoren im Leitungsamt in den v. Bodelschwinghschen Anstalten, die sich verabredet haben, gemeinsam einer aktuellen Frage unserer Zeit nachzugehen, um sie im Lichte des Evangeliums zu bedenken.

Wir, das sind einige aus einer großen Zahl von Menschen, die heute Angst haben: vor dem, was kommt, vor dem Tod, vor dem Leben. Wir laden ein, dem Wort Jesu Christi nachzuspüren, das wie ein Licht ins Dunkle fällt: „In der Welt habt ihr Angst; aber seid getrost, ich habe die Welt überwunden."

Bethel, im März 1983

Johannes Busch

WELTANGST

Wo wir stehen

In der Welt habt ihr Angst; aber seid getrost, ich habe die Welt überwunden. Evangelium des Johannes 16,33

Vor einem Jahr bin ich aus der Schweiz nach Bethel umgezogen. Wer vom Ausland her in die Bundesrepublik kommt, ist für Klima-Veränderungen wahrscheinlich besonders empfindsam. Damit meine ich nicht das oft bejammerte „Ein-betheln" des Bethel-Wetters. Gemeint ist ein stimmungsmäßiges Klima, das für mich neu war. Man kann es ein neues Klima der Angst nennen. Ich will kurz beschreiben, was damit gemeint ist.
An der Oberfläche ist nichts davon spürbar. Doch in zahlreichen Gesprächen blitzt es auf, oft nur so nebenher, doch dann deutlich genug. Eine jüngere Frau, gebildet, modisch, Zigarette in der Hand, sagt wie selbstverständlich, der nächste und letzte Krieg breche in Kürze aus. Ein älterer Mann, bewußter Christ, scharfer Beobachter, leicht gebeugt und resigniert, sieht alles auf die totale Krise und Katastrophe zulaufen. Beruflich arbeite ich mit jungen Erwachsenen an der Kirchlichen Hochschule. Theologiestudenten sind häufig wie Seismographen sensibel dafür, was sich unter der offiziellen Decke tut. Es lohnt sich schon, in Diskussionen genau hinzuhören, wenn sich diese neue Weltangst in Worte faßt. Häufig taucht da die Gewißheit auf, „wir" – das heißt unsere Gesellschaft, Deutschland an vorderster Stelle, unsere Zeit, die ganze

Welt – wir lebten heute um die Stunde Zwölf. Nur wenige sehen die Weltuhr noch einige Minuten davor. Nur wenige haben noch eine Spur Hoffnung auf Umkehr in letzter Minute. Noch häufiger spüre ich ein Lebensgefühl, für das der Zeiger der Weltuhr bereits die Zwölfermarke überschritten hat. Die Zerstörung, Katastrophe, die Apokalypse ist nicht mehr aufzuhalten. Das totale Ende tickt vernehmlich. Es ist nur noch eine Frage der Zeit. Im kleinen, persönlichen Zusammenleben gibt man sich friedlich, fröhlich sogar, feinfühlig für alles Zwischenmenschliche. Sobald das Gespräch jedoch in die Weite der Welt geht, sobald sich ein tieferes Lebensgefühl äußert, wird alles schwarz in Schwarz. Warum diese Angst?

Fragen nach Gründen werden beantwortet mit Hinweisen auf Bomben, Raketen und Reagan, Auf- und Überrüstung, auf Kernkraftwerke und Umweltzerstörung, auf Arbeitslose und Wirtschaftskrise, und nicht zu vergessen das Weltproblem des Nord-Süd-Konflikts. Kurz: Eine neue Weltangst sieht die Welt aus den Fugen geraten hinein in ein totales Nichts.

Ein neues Klima der Angst. Ich hoffe, mit dieser Beschreibung weder über- noch untertrieben zu haben. Man stößt darauf kaum beim Lesen der Zeitung, beim Hören des Rundfunks, beim Fernsehen. Die Öffentlichkeit weiß wenig davon. Politiker sprechen kaum darüber, wohl aus Angst vor der Angst. Und doch ist es immer wieder deutlich spürbar. Doch ich sage Ihnen vielleicht nichts Neues. Vielleicht sind Sie selbst schon damit in Berührung gekommen, im Gespräch der Familie, mit Freunden und Kollegen. Vielleicht ist Ihnen diese Stimmung ganz und gar nicht fremd, weil Sie selbst davon gepackt sind. Im kleinen Alltagsleben sieht alles, besonders am Sonntagmorgen, aufgeräumt, friedlich und unbedroht aus. Sobald der innere Blick jedoch in die Weite geht, tauchen bedrohliche, sehr reale Gespenster am Horizont der Zeit und Zukunft auf. Vielleicht sind es nicht Bomben und Raketen, Krieg und Krisen, wie erwähnt. Vielleicht ist viel naheliegender eine Angst vor der Zukunft, vor Arbeitsverlust, vor Krankheit, Tod, Ewigkeit.

Ein neues Klima der Angst. Dies ist der Grund, warum wir an diesem und den nächsten Sonntagen gemeinsam eine Predigtreihe zum Thema Angst für Sie vorbereitet haben. Im Licht des Evangeliums wollen wir nachdenken über die Angst.

Nachdenken über die Angst: Das heißt: Angst will ernst genommen werden. Im Wort „Angst" steckt wörtlich die „Enge", die innere und äußere Bedrängnis. Der Atem geht aus. Es ist kein angenehmes Gefühl, schon gar nicht als Lebensgefühl. Leicht kann man Angst darum verschweigen, verdrängen, vergessen. Dieses neue Klima wird darum nach wie vor öffentlich verdrängt. Wo, wenn nicht im Gottesdienst, soll es zu Wort kommen, soll es ernstgenommen werden, soll es etwas Luft und freien Raum bekommen. „In der Welt habt ihr Angst", sagt Christus im Johannes-Evangelium. Wie eine schlichte Feststellung wird dies gesagt. Angst wird nicht verdrängt, sondern wahrgenommen. Das heißt: Es geht darum, mit der Angst leben zu lernen.

Viel wird heute davon gesprochen, was uns Angst macht. Jeder hellsichtige Zeitgenosse wird zugeben, daß wir allen Grund haben dazu: der bedrohte Friede, die bedrohte Arbeit, die bedrohte Lebenswelt, eine bedrohlich verdunkelte Zukunft. . . Noch vor wenigen Jahren – Erinnern Sie sich noch? – herrschte ein großer Zukunftsoptimismus. Man glaubte an Wachstum, an Fortschritt, ans immer Bessere noch und noch. Nicht wahr, dieser Optimismus ist rasch und für viele über Nacht weggefegt worden. Stattdessen greift Ratlosigkeit um sich, Ungewißheit, Erschütterung, das Gefühl der Bedrohtheit und eben: Angst. Viel zu wenig wird darüber gedacht und gesprochen, wie wir mit diesem neuen Lebensgefühl leben können, wie wir es lernen, mit und trotz der Angst zu leben. Angst ist Beengung, Bedrängnis, die sich wie eine Decke über uns legt, eine Wolke, die alles verdunkelt, ein Netz, in das wir uns verstricken umso mehr, als wir uns davon befreien wollen. Angst kann uns warnen vor Gefahren. Gewiß, Angst kann genau dadurch Leben retten. Angst aber kann auch tödlich sein, für den einzelnen wie für ganze Generationen. Das Ende ist Resignation, Verzweiflung, die blanke Zynik, tödlich und kalt und unmenschlich.

Wie leben mit der Angst? Wenn das neue Klima der Angst keine Täuschung ist, wird diese einfache Frage zur neuen Lebensfrage und Schicksalsfrage für viele. „In der Welt habt ihr Angst", sagt Christus. In dieser schlichten Feststellung geht es um alles. Das heißt: Wir geben keine billigen Rezepte gegen die Angst. Keiner kann sagen: So und so verhalte dich, das sollst du dagegen tun. Das wäre unnützes Gerede. Jeder Psychologe wird dies wohl bestätigen. Auch die Bibel ist kein Rezeptbuch zur Angstbewältigung. Auch Religion ist kein Allheilmittel gegen die Angst. Solche Angst-Religion gibt es gewiß. Das Evangelium aber ist kein Geschäft mit der Angst. Genau dagegen hat sich seinerzeit die Reformation des Glaubens erhoben. Eben darum tun wir gut daran, heute der Reformation zu gedenken unter dem Stichwort der Angst.

„In der Welt habt ihr Angst", sagt Christus. Das ist die nüchterne Feststellung ohne Beschönigung, ohne Verzierung, ohne Verbrämung, die in der Reformation neu entdeckt wurde. Vor Gott, das heißt im Tiefsten sind wir alle Menschen, die sich ängstigen müssen. Wir sind allzumal „Sünder" – mit diesem für uns alt gewordenen Wort wird genau dies gesagt. So schonungslos nüchtern kann offenbar nur gesprochen werden von einem Ort aus, der angstfrei ist. Das ist die andere, ebenso wichtige, ja noch viel wichtigere Seite der Reformation, daß sie diesen angstfreien Raum neu freigelegt hat. Bildhaft gesagt: Wie dunkel ein Kellerloch ist, das merke ich erst, wenn durch eine Ritze ein Lichtstrahl einfällt. Dunkelheit wird sichtbar erst im Licht. Mit der Angst leben lernen geht nicht ohne Lichteinfall. Wir haben darum allen Grund, das ganze Christus-Wort durchzubuchstabieren: „In der Welt habt ihr Angst; aber seid getrost, ich habe die Welt überwunden." Da ist nicht von Angstverdrängung die Rede. Da geht es um Angstbewältigung und Angstbefreiung. Das Neue Testament zeigt Christus als diesen Befreier. Getroster Glaube, das ist wie eine Insel im Meer der Angst. Diese Insel ist vielleicht nichts im Vergleich mit der Gewalt des Meeres. Doch hat schon die kleinste Insel das Meer überwunden. Ebenso lebenswichtig ist es darum, über den „getrosten" Glauben nachzudenken. Das ist ein winzig kleiner Schritt über die Angst hinaus, hinein in die Angstfreiheit. Dieser Schritt aber kann lebensentscheidend sein. Mit unserer Predigtreihe möchten wir Sie darum einladen, über diesen winzigen und doch gewaltigen Schritt im Leben nachzudenken. Wir möchten Sie ausdrücklich bitten, daß Sie sich selbst Ihre eigenen Gedanken auf Ihrem Weg machen, und dies gerade auch dann, wenn Ihnen nicht, ganz und gar nicht gefällt, was hier in der Zionskirche gesagt wird. Gemeinsame Angst braucht gemeinsame Anstrengung.

Mir scheinen drei Punkte besonders wichtig zu sein:

„aber seid getrost": Der Trost, der hier angesprochen wird, hat nichts mit einem rosigen Fortschrittsoptimismus zu tun. Solche Ideologien haben in den letzten Jahren unsere

Köpfe und Herzen geprägt und nicht selten vernebelt. Wir – und das heißt vor allem auch Politiker, Wissenschaftler, Wirtschaftsleute, Gewerkschafter, Journalisten, Christen und Nicht-Christen aller Art und Gattung – wir waren auf Optimismus getrimmt, auf Wachstum, Aufstieg, Erfolg, Maximierung noch und noch. Seien wir ehrlich. Das hat uns häufig blind gemacht für die Kehrseiten und Schattenseiten des Lebens. Seien wir ebenso ehrlich. Genau darum dürfen wir nun aber nicht nach der weißen in die schwarze Farbe tauchen. Getroster Glaube kennt die Angstseite der Wirklichkeit, sieht die Bedrohtheit ohne jede Beschönigung. Dennoch muß heute deutlich, ja noch deutlicher gesagt sein: Getroster Glaube ist auch nicht eine Art Untergangs- und Katastrophenideologie. Im Zeichen wirklicher Bedrohung haben solche Lehren und Irrlehren wieder Schwung und Konjunktur. Da wird sogar Religion zur Droge gegen die Angst. Getroster Glaube aber beschönigt nichts. Er nennt Arbeitslosigkeit Arbeitslosigkeit, Krise Krise, Bombe Bombe und weltweite Armut nennt er weltweite Armut. Getroster Glaube wirft sich darum nicht in die Arme einer Untergangsdroge oder einer Heilsdroge. Er lebt aber von jener Ritze, durch die Licht ins Kellerloch greift. Er lebt von einer Spur der Hoffnung, von einem Ausblick ins Weite. Kennen Sie die Schlußkapitel des Neuen Testamentes? Bei allem Merkwürdigen, was sich dort findet, findet sich dort auch ein Ausblick ins Weite, eine große Vision, die man sich merken sollte: „Und ich sah einen neuen Himmel und eine neue Erde; . . . und er (Gott) wird alle Tränen abwischen von ihren Augen, und der Tod wird nicht mehr sein, und kein Leid noch Geschrei noch Schmerz wird mehr sein; denn das Erste ist vergangen" (Apk. 21,1.4). Da ist von einer neuen Wirklichkeit die Rede, die aufatmen, aufleben, die neue Hoffnung zuläßt.

„aber seid getrost": Das ist der Hinweis auf eine neue Wirklichkeit, in der Angst überwunden ist, in der Hoffnung möglich ist. Verzeihen Sie, wenn ich schon wieder die Bibel zitiere. Im Zeichen der Angst kann man die Bibel neu entdecken, wie dies seinerzeit schon die Reformatoren getan haben. Johannes nennt diese angstfreie Zone „Liebe". Einem verängstigten Haufen von Christen schreibt er: „Angst ist nicht in der Liebe, sondern die vollkommene Liebe treibt die Angst aus . . ." (1. Joh. 4,18). Liebe löst die Angst. Zur Angst gehört die Enge, zur Liebe die Offenheit. Zur Angst gehört das gegenseitige Mißtrauen, zur Liebe das Vertrauen und Zutrauen. Angst schafft Barrikaden, Liebe überwindet sie. Angst führt in die gegenseitige Ablehnung, Verdächtigung, Bekämpfung, Zerstörung, Vernichtung, in den Tod. Liebe will Leben und Freude und Hoffnung und Lachen. Derselbe Johannesbrief nennt Gott die Liebe. Wo Gott ist, wird Angst überwunden und Liebe möglich. Und wären es auch nur Spuren dieser Liebe, davon leben wir. Ohne Liebe sind wir liebeskrank, krank vor Angst. In der Angst begegnen Kinder ihren Eltern und Eltern ihren Kindern als Gegner. In der Angst begegnen sich Arbeitskollegen als Rivalen. In der Angst macht jeder den andern und damit sich selbst zugleich kaputt. In der Angst sagt jeder „Ich, Ich", auch wenn er es schön verbrämt mit wirtschaftlichen und politischen Floskeln sagt. Mein Interesse, meine Sicherheit, mein Geschäft, meine Politik – das Klima dieses „mein" greift wieder unheimlich um sich. Anschauungsmaterial liefern dazu nicht nur der kleine Mann und die kleine Frau, sondern das geht bis in große Konferenzen von Wirtschaftsleuten und Weltpolitikern. Angst hat Konjunktur auf höchster Ebene.

„aber seid getrost": Dieses Wort nimmt sich so klein und hilflos aus neben all den deutlichen Zeichen der Zeit, so unbedeutend und ohnmächtig. Sollen wir also am besten die Augen vor allem verschließen, damit wenigstens wir getrost und heiter sind? Sollen wir uns am besten auf den kleinen Kreis derer zurückziehen, die wir lieben, die uns lieben? Spuren wirklicher Liebe sind da für uns am deutlichsten. Sollen wir Christen im Winkel werden und die Welt im übrigen Welt sein lassen? Im Sinne der Reformatoren wäre dies genau der falsche Weg. Winkel-christen, Privatchristen, Angstchristen gibt es genug. Was aber lebenswichtig ist, ist ein getroster Glaube, der sich nicht ins Schneckenhaus verkriecht. Er hat eine Spur von Liebe und Vertrauen geschmeckt. Er hat Geschmack daran bekommen. Angstbefreiung ist möglich. Angstfreie Zonen sind möglich. Dafür setzt er sich ein. Daran mißt er auch all die kleinen und großen Angstmacher, die im Augenblick das Sagen haben. Angst erzeugt Angst. Glaube aber erzeugt Glaube, Vertrauen erzeugt Vertrauen, Hoffnung erzeugt Hoffnung, Liebe erzeugt Liebe. Getroster Glaube setzt auf diese Karte.

Die Angst rückt wieder näher. Sie kommt von weither aus einem Horizont, den wir nur von ferne sehen. Sie kommt in der Form von Vernichtungsbedrohung, von Krisenzeichen und Gefahrensignalen.
Die Angst rückt wieder näher. Sie meldet sich nahe im Arbeitslosen, den wir kennen, im Jugendlichen, der seinen Weg ins Leben kaum findet, im Mitmenschen, der keine Zukunft mehr sieht.
Die Angst rückt näher. Unsere kleinen Hoffnungen sind allzu klein im Vergleich zu all dem, was bedrohlich er-scheint.
Du aber, Gott, bist Liebe und nur Liebe, Licht und nur Licht, und reine Hoffnung.
Du, Herr, überwindest Angst in uns und außer uns.

Sei du uns nahe, daß uns alles Beängstigende nicht kaputt macht;
daß wir in deinem Geist mutig werden, den Bedrohungen zu begegnen;
daß wir unsere Grenzen sehen, aber auch Deine Möglichkeiten, damit deine Liebe mehr sei als alle Angst.

Sei du uns nahe.

Wir glauben, hilf unserem Unglauben. Wir ängstigen uns, hilf unserer Angst auf. Wir hoffen, hilf unserer Hoffnungslosigkeit.

Amen.

Alfred Jäger

ZUKUNFTSANGST

Wohin wir gehen

Mein Thema heißt „Zukunftsangst", und meine Predigt soll eine Antwort suchen auf die Frage: „Wohin gehen wir?"

Bei der Vorbereitung wurde mir deutlich, daß sich beide Fragen, die nach der Weltangst und die nach der Zukunftsangst, überhaupt nicht voneinander trennen lassen. Die eine ergibt sich aus der anderen. Das gegenwärtige „neue Klima der Angst", wie es in der letzten Predigt hieß, wird bedingt durch die Frage nach unserer Zukunft.

Junge anglikanische Christen haben ein Szenario über unsere gegenwärtige Situation verfaßt unter dem Titel „Die Geschichte eines Tages". Sie versuchten, den Ablauf der ganzen Menschheitsgeschichte darzustellen:

„Als unser Lebenstag um Mitternacht begann, hatten die Menschen die Welt für sich allein. Für eine sehr lange Zeit waren sie auch sehr zufrieden. Den ganzen Morgen und auch den Nachmittag wanderten sie in kleinen Gruppen herum, jagten Tiere (mit Speeren und Pfeilen), verbargen sich in Höhlen und kleideten sich in Felle. Erst um sechs Uhr am Abend begannen sie, säen zu lernen. Auch Handwerke entstanden, und die Menschen lernten, wie man Herden hütet und Tiere melkt. Etwa um halb acht begannen einige von ihnen, in Städten zu leben. Hauptsächlich in Ägypten, Nordindien und den Ländern dazwischen.

Dann kam Moses und wanderte über die Erde. Das war ungefähr um Viertel vor neun. Etwas später kamen Buddha in Indien, Sokrates in Griechenland und Konfuzius in China. Um 22.30 Uhr wurde in dem kleinen Dorf Bethlehem in Palästina ein Kind mit Namen Jesus geboren. Um 23 Uhr kam Mohammed. Etwa um halb zwölf begann das Wachstum der großen Städte in Nordeuropa. Von 23.45 Uhr an rannten die Leute aus diesen Städten um die Wette über die Erde und stahlen sich den Rest der Welt zusammen: Amerika, Indien, Australien. Kurz vor Mitternacht raubten sie auch Afrika.

Zwei Minuten vor Mitternacht hatten sie einen ersten Weltkrieg untereinander und nur fünfzig Sekunden später einen anderen, noch riesigeren Weltkrieg. Während der letzten Minuten vor Mitternacht wurden diese Leute nach Europa zurückgetrieben – von Indien und Afrika und ebenso von mancher anderen von ihnen besetzten Gegend der Welt. In dieser letzten Minute geschah folgendes:

Die Leute erfanden die Atomwaffen. Sie landeten auf dem Mond. Sie sind nun verantwortlich für die Verdoppelung der Bevölkerung auf Erden. Sie gebrauchen mehr Öl und mehr Metalle, als in all den dreiundzwanzig Stunden und 59 Minuten des bisherigen Welttages verbraucht worden sind. Es ist nun wieder Mitternacht, der Beginn eines neuen Tages. Was wird er bringen?"

Ja, nun ist es wieder Mitternacht, also ganz dunkel! Und im Dunkeln fehlt jede Orientierung, herrscht Angst. *Die* Angst, ob überhaupt noch ein neuer Tag beginnen wird und – wenn ja – was er uns an neuen, vielleicht noch schlimmeren Überraschungen bringen wird. Das ist die Sorge und die Angst: Was wird aus unserer Welt? Was aus unserem eigenen Leben? Haben wir, hat unsere Erde überhaupt noch eine Zukunft? Erreichen wir oder die uns Überlebenden ohne Katastrophe noch das dritte Jahrtausend? Die Aktivitäten der sogenannten „Grünen", die Friedensdemonstrationen und die Andachten während der vergangenen Woche anläßlich der Landessynode sowie die

Einführung der Synode selber sprechen ihre eindeutige Sprache!

Eine der vielen Antworten will uns der Predigttext aus der Offenbarung des Johannes geben:

„Und ich sah einen neuen Himmel und eine neue Erde; denn der erste Himmel und die erste Erde vergingen, und das Meer ist nicht mehr. Und ich sah die heilige Stadt, das neue Jerusalem, von Gott aus dem Himmel herabfahren, bereitet wie eine geschmückte Braut ihrem Mann. Und ich hörte eine große Stimme von dem Thron, die sprach: ‚Siehe da, die Hütte Gottes bei den Menschen! Und er wird bei ihnen wohnen, und sie werden sein Volk sein, und er selbst, Gott, wird mit ihnen sein; und Gott wird abwischen alle Tränen von ihren Augen, und der Tod wird nicht mehr sein, noch Leid noch Geschrei noch Schmerz wird mehr sein; denn das Erste ist vergangen.‘ Und der auf dem Thron saß, sprach: ‚Siehe, ich mache alles neu!‘ Und er spricht: ‚Schreibe, denn diese Worte sind wahrhaftig und gewiß!‘ Und er sprach zu mir: ‚Es ist geschehen. Ich bin das A und das O, der Anfang und das Ende. Ich will dem Durstigen geben von dem Brunnen des lebendigen Wassers umsonst. Wer überwindet, der wird es alles ererben, und ich werde sein Gott sein, und er wird mein Sohn sein.‘“   *Offenbarung 21,1–7*

Ich brauche wohl nicht zu sagen, daß der Seher Johannes hier in Bildern redet. Er tut das, um in einem kirchenfeindlichen Staat bestimmte Wahrheiten verschlüsselt an seine Gemeinde weiterzugeben. Vor allem aber darum, weil das, was er da weitergibt, über alles menschliche Fassungsvermögen geht. Wie können wir denn etwas, das über alles Verstehen geht, anders ausdrücken als in unseren armseligen Worten und Bildern? Diese reichen nicht aus, um die Wunder Gottes auszusagen. Gottes Heilstat am Ende der

Zeit wird noch größer sein als die Tat seiner Schöpfung! Da ist das Bild vom „MEER, das nicht mehr sein wird". Nach Kapitel 13 ist das der Abgrund, aus dem das Tier in der Tiefe kommt, an anderer Stelle Satan oder Widersacher Gottes genannt. Es ist das Meer der IN-Welt- und UM-Weltzerstörung, das Meer des Chaos, das Meer jener Mächte, die alles daransetzen, uns zu beherrschen, zu besitzen, besessen zu machen, um die gute Ordnung Gottes in Unordnung zu verkehren: Vertrauen in Mißtrauen, Frieden in Unfrieden, Teilen und Mitteilen in Haben und Besitzenwollen, Liebe in Haß. Und dann stehen da Parteien gegen Parteien, Interessenverbände gegen Interessenverbände, Ost gegen West und Nord gegen Süd, Eltern gegen Kinder und Rassen gegen Rassen; Stacheldrähte, Folter, Mord, Kriege, Zerstörung der guten Schöpfung Gottes und Rückkehr ins Chaos. Kurz: Wir kennen die Auswirkungen hinreichend, es sind jene letzten Minuten des alten Welttages!

Und nun läßt Gott uns sagen: Dieses Meer soll nicht mehr sein! Statt dessen (Ich verzichte jetzt auf den Versuch, die anderen Bilder zu erklären. Sie sprechen für sich): das neue Jerusalem, die Hütte Gottes, also Gott selber, allen sichtbar mitten unter uns Menschen. Eine neue Erde und ein neuer Himmel, der Himmel auf Erden! Ohne Angst, ohne Tränen, ohne Schmerzen, ohne Tod! Wer wollte da versuchen, das noch verständlicher zu machen? Ich vermag es nicht!

Aber ich wünsche mir in diesem Augenblick, Ihre Gedanken lesen zu können. Ich vermute bei manchen: Das ist doch völlige Utopie! Wunschträume! Seit Jahrhunderten wird das doch nun schon gepredigt. Das kenne ich schon fast auswendig. Aber was hat sich denn wirklich in dieser Welt geändert? Ist nicht vieles noch viel schlimmer geworden? Was können wir denn überhaupt noch machen angesichts all der vollendeten Tatsachen und Sachzwänge, damit schließlich die Sache doch noch einigermaßen glimpflich ausgeht?

Unser Text sagt: Gar nichts! Von uns und unserem Tun ist hier überhaupt nicht die Rede. Satz für Satz ist hier nur von EINEM die Rede, der das alles tun wird für uns – und doch wohl auch durch und mit uns! Gott sagt hier: „Siehe, ICH mache alles neu!" Gott sorgt dafür, daß das Meer nicht mehr da ist. Gott läßt das neue Jerusalem vom Himmel herabfahren. Gott wohnt mitten unter uns Menschen auf unserer Erde. Gott wird alle Tränen abwischen. Gott wird den Tod zunichte machen, und Gott alleine ist es, der das erste und das letzte Wort sprechen wird. Und dieser Gott alleine wird unsere Zukunft sein! Jene Zukunft, auf die auch das Psalmwort über unserem Altar hinweist: „Wenn der Herr die Gefangenen Zions erlösen wird, dann werden wir sein wie die Träumenden."

Das ist keine Utopie! Bei diesem neuen Himmel und dieser neuen Erde geht es nicht um meinen Traum und nicht um einen ideologischen Überbau, den ich mir aus Angst vor der schrecklichen Gegenwart in einen schönen zukünftigen Himmel hineinprojiziere, weil ich heute nicht mehr klarkommen kann. Nein! Hier geht es um letzte und endgültige Wahrheit! Um *die* Wahrheit, vor der alle anderen sogenannten Realitäten oder nackten Tatsachen oder Sachzwänge, die die vielfache Angst unter uns bewirken – übrigens haben sie mit dem Tier aus dem Meer zu tun! – bestenfalls vorletzte Erkenntnisse und vorläufige Theorien bleiben!

Wir leben, so hieß es in der Predigt am vergangenen Sonntag ganz richtig, in einem „neuen Klima der Angst". Angst sitzt uns im Nacken, Angst starrt uns an wie die Schlange das Kaninchen. Alle reden von ihrer Angst bis in die Kirchentage hinein. Angst ist „in"! Und je mehr wir von unserer Angst reden, desto mehr reden wir uns einander Angst ein und erzeugen immer neue Angst. Aber Angst ist von jeher ein schlechter Ratgeber gewesen. Angst lähmt alles Leben.

Ja, es stimmt, Jesus hat gesagt: „In der Welt habt ihr Angst. . .", und wir brauchen uns seitdem nicht zu schämen, von unserer Angst zu reden und sie einander einzugestehen. Aber Jesus hat dann doch weiter gesagt: „. . . seid getrost, ich habe die Welt überwunden" – und damit meint er doch den Grund unserer Welt- und unserer Zukunftsangst!

Darum: Wer *nur* noch von seiner Angst redet und bei seiner Angst stehenbleibt, der bleibt auf halbem Wege stehen: Im Garten Gethsemane, unter dem Kreuz auf Golgatha. Den zu Ostern auferstandenen Herrn Jesus Christus hat er aus den Augen verloren! Sein Vater und unser Vater sagt uns hier: „Siehe, ich mache alles neu." Daran allein will ich mich halten! Das ist meine Zukunft!

Das ist unser aller neuer Tag! Es sei denn, wir sind umsonst in den Tod und in die Auferstehung unseres Herrn Jesus Christus hineingetauft worden. Es sei denn, die Bibel ist nur ein frommes Märchenbuch und nicht Gottes mahnendes, vergebendes und tröstendes, lebendiges Wort. Nein! Jesus Christus hat nicht vergeblich gelitten und ist nicht vergeblich gestorben und von den Toten auferweckt worden zu eben diesem neuen Leben! Er lebt! Und wir sollen auch leben! Seine Zusage: „Siehe, ich mache alles neu!" gilt uns, unserem Leben und dieser unserer Erde. *Das* ist die letzte Wahrheit, das ist unsere Zukunft! Und diese Zukunft hat schon lange begonnen! Durch die Auferstehung Jesu Christi hat die Mauer der Angst um uns herum und die Mauer des Todes vor uns ein Loch bekommen! Jesus Christus ist das „Licht am Ausgang", von dem in der

Predigt am vergangenen Sonntag die Rede war. Jenes Licht, in dem allein die Wahrheit über uns selbst und über unsere Welt erkannt wird. Denn wir erkennen uns und unsere Welt letztlich nicht von innen – also aus sich heraus –, wie wir es uns mit unseren Ideologien und unseren angeblich wissenschaftlichen Theorien selber glauben machen möchten.

Die Wahrheit wird erst offenbar, wenn unsere dunkle Welt und wenn mein dunkles Leben mit all seiner Angst von einem Punkt von außen her – eben von jenem „Licht am Ausgang!" – angestrahlt wird. Wer ich wirklich bin und wozu ich bestimmt bin, erfahre ich erst dann, wenn *der* mich erleuchtet, der von sich gesagt hat: „Ich bin das Licht der Welt!" Und wenn mich sein Wort trifft: „Siehe, ich mache alles neu!" Wenn wir es dann wagen, diesem Worte zu vertrauen, dann macht ER uns schon mitten auf unserer alten Erde und unter unserem alten Himmel zu *neuen* Menschen. Diese neuen Menschen wissen, wohin sie gehören, wem sie gehören und wozu sie da sind! Es geht ihnen ähnlich wie jenem Nichtseßhaften, der nach langen Wanderjahren nach Eckardtsheim kam, dort erfuhr, daß er bleiben dürfe und spontan ausrief: „Jetzt hab' ich endlich eine Adresse!" Denn diese neuen Menschen haben statt der alten Angst im Nacken den lebendigen Herrn vor sich, der ihre Zukunft in seine Hand genommen hat. Der macht keine halben Sachen. Was der angefangen hat, das wird er auch vollenden: „Was er sich vorgenommen und was er haben will, das muß auch endlich kommen zu seinem Zweck und Ziel!".

Der Lebensmotor dieser neuen Menschen ist nun nicht mehr die ständige Angst vor sich selbst und ihren Mitmenschen, sondern eine berechtigte, durch die Auferstehung Jesu Christi garantierte Hoffnung auf Gott! Das macht sie frei in doppelter Hinsicht: Auf der einen Seite frei von jener lähmenden Resignation derer, die nur noch das Schlimmste erwarten oder gar nichts mehr: „Ach, es hat doch alles keinen Sinn mehr!" – und frei *von* jener schrecklichen Hektik und vom ständigen Streß derer, die meinen, ihre Zukunft ganz allein schaffen zu müssen, als liefe ohne sie nichts mehr. Frei aber auch von jener frömmelnden Selbsttäuschung derer, die sich mit der unzumutbaren Situation abfinden, die Gott alles in die Schuhe schieben möchten, was sie zu tun und zu lassen versäumt haben. (Dieses falsche: „Tobe, Welt, und springe, ich steh hier und singe in gar sichrer Ruh!").

Auf der anderen Seite aber werden diese neuen Menschen frei *für* ein neues Leben auf dieser alten Erde unter dem offenen neuen Himmel! Ich wiederhole noch einmal: Das ist keine Utopie und keine Euphorie! Noch bleiben auf dieser alten Erde Leiden, Schmerzen, Sterben, Tod und Angst. Aber wenn das „Licht vom Ausgang her" heute schon mitten in mein dunkles Leben hineinstrahlt, werde ich gewiß: Das alles ist nicht mehr Letztes, sondern Vorletztes. Dann brauche ich nicht mehr nur aus Angst zu agieren oder zu reagieren, sondern da stehen der *Dank* und die *Freude* an erster Stelle! Wo ich meiner Zukunft gewiß bin, werde ich frei für die Gegenwart! Wo ich gewiß werde: Gott wird abwischen die Tränen von meinen Augen – das hat er ja schon mein ganzes Leben lang mit mir getan! –, da werde ich auch anderen Menschen die Tränen trocknen helfen und mit dafür eintreten, daß meine nahen und meine fernen Nächsten nicht mehr so viel Grund zum Weinen haben müssen! Wo ich gewiß werde, daß Schmerz und Leid und Geschrei in Gottes Reich ein Ende haben werden, da werde ich vor mir selbst und vor meinen Mitmenschen zum Lügner, wenn ich nicht heute schon Partei ergreife für alle diejenigen, die unter unmenschlichen Zuständen leiden, schreien, hungern und sterben, und *gegen* diejenigen, die sie unterdrücken, ihnen den Lebensraum streitig machen, gegen die Eskalation der Rüstung, gegen den wahnsinnigen Selbstmord durch Massenvernichtungswaffen, gegen den Aberglauben an die sogenannten unabänderlichen wirtschaftlichen, sozialen und politischen „Sachzwänge".

Ich darf mitten in meiner Angst aus Freude über einen solchen Herrn mit seiner Zusage „Siehe, ich mache alles neu" leben. Da kann ich in der Hoffnung und in der Vorfreude auf seinen neuen Himmel und seine neue Erde gar nichts anderes tun, als andere an meiner Hoffnung und meiner Freude teilhaben zu lassen. Wer immer wieder neu erfahren durfte, daß da die Angst wich, wo er Gottes – oft harter und unbegreiflicher – Liebe standhielt, kann eigentlich nicht mehr umhin, seinen Mitmenschen auch Liebe zu erweisen, damit sie vor ihm keine Angst mehr zu haben brauchen.

Neue Menschen hier mitten auf unserer alten Erde! Freude und Hoffnung mitten in unserer Angst! Das ist unsere Gegenwart! Neue Menschen auf einer neuen Erde und in einem neuen Himmel, in dem Gott alles in allem sein wird, das ist unsere Zukunft! Wer möchte da noch resignieren oder gar aufgeben!?

Ich schließe mit den Fragen eines von mir leicht abgewandelten Adventsgedichts von Eberhard von Cranach:

Woher ich komm? Wohin gericht't
mein dunkler Weg? Ich weiß es nicht!
Mein Leben noch: Wie kurz, wie lang?
Die Zukunft: Ungewiß und bang!
Und all mein Tun so schnell vergeht
wie dürre Spreu, vom Wind verweht.
Das Ziel der Tod. Des Lebens Sinn?

Mich wundert's, daß ich fröhlich bin.
Woher du kommst? Aus Gottes Hand!
Wohin du gehst? In jenes Land,
in dem von Schuld und Schmerz befreit
du leben sollst ohn' alles Leid.
Denn Gott ward Mensch! Sein Wort allein
kann dich befrei'n von Zweifels Pein
und gibt dir Kraft! Mein lieber Christ,
mich wundert's, daß du traurig bist.

Großer, ewiger Gott! Du bist der Anfang und das Ende – du
gibst unserm Leben Sinn und Richtung und Ziel.
Wir neigen uns vor Deiner erhabenen Größe und bitten
Dich: Vollende unser Leben in Deiner Liebe und hol die
Welt heim zu Dir: In Jesus Christus, Deinem Sohn.
Amen.

Wilhelm Gysae

TODESANGST

Wo wir enden

Es soll die Todesangst im Mittelpunkt stehen, nein, vielmehr aus dem Mittelpunkt unseres Lebens verdrängt werden. Darum geht es.
Der Text, der dieser Predigt zugrunde liegt, beschreibt, wie Jesus von Nazareth gestorben ist.

Und um die sechste Stunde ward eine Finsternis über das ganze Land bis um die neunte Stunde. Und um die neunte Stunde rief Jesus laut und sprach: Eli, Eli, lama asabthani? das ist verdolmetscht: Mein Gott, mein Gott, warum hast du mich verlassen? Und etliche, die dabeistanden, da sie das hörten, sprachen sie: Siehe, er ruft den Elia. Da lief einer und füllte einen Schwamm mit Essig, steckte ihn auf ein Rohr und tränkte ihn und sprach: Halt, laßt sehen, ob Elia komme und ihn herabnehme! Aber Jesus schrie laut und verschied. Und der Vorhang im Tempel zerriß in zwei Stücke von obenan bis untenaus. Der Hauptmann aber, der dabeistand ihm gegenüber und sah, daß er so verschied, sprach: Wahrlich, dieser Mensch ist Gottes Sohn gewesen!
Evangelium des Markus 15,33–39

Am Kreuz zu sterben und doch bei Gott zu bleiben: Das ist das Leitthema des ganzen Neuen Testaments. Zu sterben und doch zu leben, ist das Geheimnis der Bibel. Wenn wir heute nachdenken über die Todesangst, dann möchte ich nicht nur über unsere persönliche Todesangst sprechen, denn ich glaube, daß wir Christen gegen Ende des 20.

Jahrhunderts uns das nicht mehr leisten können. Ich möchte mit Ihnen zu Beginn über die Todesangst in den Gesellschaften dieser Welt sprechen und dann zu unserer persönlichen Todesangst kommen.

Der erste Weltkrieg hat enthüllt, wie dünn die Decke kultureller Verfeinerung war, die die Todeswünsche der einzelnen wie ganzer Gesellschaften verbarg. Das Wort Sigmund Freuds, des großen Psychologen, erwies sich in tragischer Weise als wahr, daß die Bürger gar nicht so sehr gesunken seien, weil sie gar nicht so hoch gestiegen wären, wie viele glaubten. Bis in die Tiefe des Unbewußten und bis in die Tiefe der Leidenserfahrung des christlichen Glaubens müssen wir den möglichen kommenden Krieg durchleiden. Anders wird es keinen Weg am Abgrund vorbei geben. Nur wer bis zu diesem Horizont schaut, darf über den Tod reden. Das gilt überall, aber das gilt, wenn man über Todesangst spricht, ganz besonders in Deutschland. Ob die Wendung noch möglich ist, ob es überhaupt noch möglich ist, den Abgrund zu vermeiden, ist eine Frage nicht nur der Politik, sondern aller Ebenen des Denkens und des Lebens, auch hier in Bethel.
Es gibt heute zwei Probleme: Entweder vertuscht, verdeckt, verheimlicht man die Todesangst, spricht nicht von ihr in politischen oder kirchlichen Kreisen. Es gibt aber auch das Problem auf der anderen Seite, was die Psychologie mit Recht die Erwartungsangst nennt. Wer nur noch vom kollektiven Tod der Welt spricht, der wird ihn herbeiführen. Wer nicht über den kollektiven Tod und seine tiefen Gefahren spricht, wird ihn auch herbeiführen. Zwischen Erwartungsangst und ängstlichem Verschweigen liegt der Weg der offenen Aussage des Christen. Ich möchte deshalb noch einmal wiederholen, was ich vor kurzem auf der Synode der Evangelischen Kirche von

Westfalen gesagt habe: Ich glaube, daß es heute endlich an der Zeit ist, daß der Christ ohne Erwartungsangst, in großer Nüchternheit davon spricht, daß die Todesangst dieser Welt uns mehr denn je dazu zwingt, mit Jesus am Kreuz zu stehen, wie Markus 15 das berichtet, mit ihm zu schreien in Todesangst vor dem Tod in einem dritten Weltkrieg mit atomaren Waffen. Und ich wiederhole das in den Worten: Ich glaube mit Reinhold Schneider, daß es heute besser ist, auf einem Narrenschiff zu sitzen, als auf einem atomgetriebenen und atombestückten Flugzeugträger.

In der Todesangst dieser Welt wird im Blick auf die Politik heute von dem Christen erwartet, daß er sich wirklich entscheidet. Als Prediger habe ich das geistliche Recht nicht, Sie in eine bestimmte Richtung zu zwingen. Aber ich habe das Recht, meine christliche Meinung zu sagen und Sie zu bitten, entschiedener als bisher Entscheidungen zu treffen und zu vertreten. Das wird zwar die Todesangst nicht aus der Welt schaffen, aber es wird Klarheiten schaffen um des Evangeliums willen, Klarheiten, die wir alle zum Leben so dringend brauchen.

Wer über Todesangst spricht, der muß sich klar sein, daß die Ängste im politisch-sozialen Bereich hier in Bethel oder in Bielefeld oder überhaupt in der Bundesrepublik Deutschland noch relativ gering sind. Auch das muß man nüchtern sehen angesichts der Todesängste in Kalkutta und Bogota. Wir müssen immer die Todesangstprobleme verbunden sehen mit der Hungers- und Todesangst der Dritten Welt wie mit der Todesangst vor dem Krieg in Europa, dem möglichen dritten Weltkrieg. Anders und in einem engeren Rahmen kann man die Probleme der Todesangst nicht anpacken.

Ich möchte zu einem zweiten Gedankengang kommen und persönlicher werden. Ich habe bisher schon über uns selbst gesprochen. Ich tue es jetzt im Blick auf Markus 15, im Blickfeld unseres eigenen persönlichen Lebens. Ich weiß nicht, ob es Ihnen manchmal auch so geht, wenn Sie die Evangelienberichte über die Todesangst und Todesbewältigung Jesu von Nazareth lesen, daß Sie besonders froh und getröstet sind, daß Markus 15 in der Bibel steht. Da wird nämlich ganz nüchtern gesagt, unser Herr Jesus Christus hatte auch sehr viel Angst. Er ist nicht gestorben mit einem Jubelpsalm auf den Lippen und gleichsam mit fliegenden Fahnen in das ewige Reich seines Vaters eingezogen. Keineswegs! Er hat geschrien. Er hat geweint. Er hat geklagt, und er hat gesagt: „Mein Gott, mein Gott, warum hast du mich verlassen?"

Das kann doch heute jeder von uns mitsagen. Das wenigstens ist ein Stück Evangelium, das jeder leben kann. Mein Gott, mein Gott, warum hast du mich verlassen? Insofern denke ich, dieses Evangelium ist mit weiten Toren geöffnet für jeden, auch für den, der Zweifel hat an seinem Auferstehungsglauben, für den, der manchmal zweifelt, ob Gott diese Welt noch wirklich in der Hand hat, oder ob nicht atomare Gewaltmächte sie vernichten werden, ob nicht der Mensch selbst womöglich die Welt zerstören wird, und auch für den, der die Angst hat, die Todesangst, daß sein Leben vor Schmerzen unaushaltbar wird und daß es der Sinnlosigkeit verfällt. Auch der kann wenigstens in diese Tür – ich gebe zu: sie ist eng und dunkel – hineingehen und mit rufen, vielleicht schreien, vielleicht heute abend weinend sagen: Mein Gott, mein Gott, warum hast du mich verlassen?

Es gibt viele Gründe dafür, daß wir so denken, daß wir so fühlen. Jeder, der heute vielleicht besonders fröhlich ist, soll es sein. Er soll sich jetzt nicht von mir trübsinnig stimmen lassen. Aber alle, die traurig sind und die Schmerzen haben und die klagen, dürfen hier ganz besonders mitmachen. Es gibt ja viele Gründe zum Angsthaben: Man kann sozial so einsam sein, daß der Tod schon vorweggenommen wird, dieser unheimliche Tod auf Raten, der überall verbreitet ist. Man kann allerdings auch gleichsam vorzeitig sterben, ohne physisch tot zu sein, und ganz einsam und verlassen sein, weil gerade im christlichen Leben oft zwei Dinge gar nicht mehr zusammengehören und unsere Todesangst nähren und vorantreiben, nämlich die beiden Elemente Lebenstraum und Lebenswirklichkeit. Jeder von uns hat ja Entwürfe, jeder hat Wünsche, wie sein Leben aussehen soll, in den Häusern hier in Bethel oder auch in all den Häusern, aus denen heute Gäste hierher gekommen sind, ob sie in Berlin, Hannover oder in Dortmund stehen. Zwischen Lebenstraum und Lebenswirklichkeit selbst zu vermitteln und die beiden Elemente zu verbinden, hat etwas mit Todesangst und Lebenskraft zu tun.

Sterben kann man auch und von Todesangst bedeckt werden, wenn man mit anderen Menschen überhaupt nicht mehr klarkommt. Das gibt es bei uns in Bethel auch und nicht zu wenig. Ich finde immer, gegen die Todesangst in diesen Ängsten und für das Leben mit Jesus am Kreuz spricht ein Satz, der so heißt: Wer verurteilt, kann irren, wer verzeiht, irrt nie. Die Todesangst in mir selbst zu bekämpfen, hat sehr viel damit zu tun, dem anderen vergeben zu können und keinen ins endgültige Abseits zu stellen, wie es Matthäus 25 zeigt. Das tut, wenn überhaupt einer, Gott allein, wir nicht. Unsere Todesangst zu bekämpfen, kann sehr viel damit zu tun haben, dem anderen neben mir wieder Raum zu geben. Damit bekämpfen wir den Tod mit der Hauptgegensache gegen den Tod: mit der Liebe. Das Gegenwort gegen Tod ist nicht Leben, ist nicht Mut, ist nicht einmal Glauben. Die Gegensache gegen Todesangst und Tod ist Liebe. Und in der Todesangst unseres Lebens der Liebe Raum zu geben, das hat etwas mit dem zu tun, was hier im Markus-Evangelium geschildert wird. Denn ich glaube, daß es nicht deswegen so tröstlich ist, weil Gottes Stimme von oben herab in diesem Evangelium erklärt: Da ist mein Sohn, folgt ihm nach!, sondern weil ein römischer Offizier erkannte, dieser Jesus von Nazareth hat etwas zu tun mit Gott und im Grunde zu tun mit der Liebe Gottes.

Wenn manche sagen, gerade das ist ja das Tödliche in meinem Leben, das gerade ist der Nährboden für die Todesangst in meinem Leben, daß ich kaum mehr etwas habe, was ich lieben kann, und erst recht kaum jemanden mehr, den ich lieben kann. Da, finde ich, gilt das Wort: „Wenn du nicht hast, was du liebst, so liebe, was du hast." Das ist ein Mittel gegen Todesangst. Das ist ein Mittel gegen den Hauptfeind der Liebe: die Gleichgültigkeit. „Wenn du nicht hast, was du liebst, so liebe, was du hast."

Und so folgt auf diese beiden ersten Zusammenhänge ein dritter Gedankengang: Ich bin überzeugt, daß, wenn wir als Christen über den Tod nachdenken, wir über ihn nachdenken sollten mit der Denkfigur einer Ellipse, die zwei Brennpunkte hat. Der eine Brennpunkt ist der Kampf gegen den Tod, der Kampf gegen den Tod in meinem eigenen Leben, im öffentlichen Leben ebenso wie in meinem persönlichen Leben. Der andere Brennpunkt ist die Annahme des Todes als eines Teils des Lebens, ja, als des Tors zum unzerstörbaren Leben mit Gott.

Ich finde ein Wort von Leonardo da Vinci schön und tröstlich: „Ich habe mein Leben lang gegen den Tod gekämpft, gerade auch mit meinen Bildern. Aber am Ende meines Lebens habe ich gemerkt, daß, während ich meinte, ich lernte zu leben, ich gelernt habe zu sterben." Ich glaube, daß das eine meisterhafte Beschreibung dessen ist, worum es bei der Todesangst geht. Indem ich leben lerne,

lerne ich sterben. Wenn ich mit Jesus von Nazareth schreien, rufen und weinen kann „Mein Gott, mein Gott, warum hast du mich verlassen", dann kann ich auch mit ihm den Psalm 22 weiterbeten.

Es ist ein Wort des 22. Psalms, das er gebetet hat, als er starb. So berichtet es das Markus-Evangelium. Man kann weiterbeten und dann finden, daß neben der Klage „Gott, du bist mir so fern" auch die Hoffnung und der getroste Glaube „Gott, deine Hilfe ist mir nah" stehen. Vielleicht können einige heute abend einmal den ganzen Psalm 22 lesen. Viel schöner ist das Neue Testament auch nicht, viel tiefer auch nicht. Der Psalm 22 ist das Gebet eines frommen Menschen, der ganz dicht bei Gott stand.

Es gibt viele Wege, auf die Spur solchen Betens und Glaubens zu kommen. Eine der Spuren findet man auf musikalischen Wegen. Einer, den ich besonders liebe, ist Franz Schubert. Er hat 1817 das Lied „Der Tod und das Mädchen" komponiert, das nach einem Gedicht von Matthias Claudius entstand. Das schwermütige, dunkle, aber doch mild versöhnliche Thema der ersten acht Piano-Takte in d-Moll führt zu den Worten, die der Tod zu dem Mädchen, vielleicht aber auch zu uns einmal sagt: „Bin Freund und komme nicht zu strafen. Sei guten Muts! Ich bin nicht wild; sollst sanft in meinen Armen schlafen." Das Thema des Todes hat Schubert dann aufgenommen in sein Streichquartett, Opus 29, ein erschütterndes Dokument eines Menschen, dessen Schmerz zu höchster Erkenntnis gereift ist. Vielleicht hat damit Schubert mit Claudius etwas vom Evangelium in Markus 15 und Psalm 22 aufgenommen und anklingen lassen. Ich empfinde das so. In vielen Sprachen, auch in der Sprache der Musiker und Dichter, kann das Bekenntnis des römischen Hauptmanns unterm Kreuz wieder bekannt werden.

Eine andere Spur solchen Glaubens, die ich Ihnen zeigen

will, findet sich in einem Zeugnis großer katholischer Frömmigkeit. Wer wollte als reformierter oder lutherischer oder unierter Christ sagen, die große Schwesterkirche gehöre in der Todesangst und in der Liebe nicht zu uns? Franz von Sales hat gesagt:

Dein Kreuz: Gottes ewige Weisheit hat von Ewigkeit her das Kreuz erwählt, das er dir als ein kostbares Geschenk aus seinem Herzen gibt. Er hat dieses Kreuz, dein Leid und deinen Schmerz, bevor er es dir schickte, mit seinen allwissenden Augen betrachtet, es durchdacht mit seinem göttlichen Verstand, es begrüßt mit seiner weisen Gerechtigkeit, mit liebenden Armen es durchwärmt, es gewogen mit seinen beiden Händen, ob es nicht einen Millimeter zu groß und ein Milligramm zu schwer sei. Und er hat es gesegnet in seinem heiligen Namen, mit seiner Gnade es durchwirkt und mit seinem Trost es durchdrungen. Und dann noch einmal auf dich und deinen Mut geblickt, und so kommt dein Kreuz schließlich aus dem Himmel zu dir als ein Gruß Gottes an dich, als eine Gabe seiner barmherzigen Liebe.

Eine Gabe der barmherzigen Liebe Gottes ist auch dein und mein Tod. Es ist gut zu wissen, daß der Tod eine Gabe Gottes ist. Daß wir, wenn der Tod kommt, eine Hand haben, die wir ergreifen können. Daß Gott dann zu uns sagt: „Geh nur in die Dunkelheit und lege deine Hand in meine Hand. Das ist das Beste im Tod, das es für dich gibt, und sicherer als ein bekannter Weg."

Ich habe Angst, lieber Gott. Ich habe Angst vor dem Sterben, vor dem Alleinsein, vor dem Schwachwerden, vor den Schmerzen, vor dem Krieg. Ich habe Angst davor, daß du nicht da bist, wenn ich dem Tod ausgeliefert werde.
Ich will meine Hand in deine Hand legen. Führ mich durch das dunkle Tor des Todes zu dir. Amen.

Traugott Stählin

LEBENSANGST

Worin wir gründen

Gott ist Liebe; und wer in der Liebe bleibt, der bleibt in Gott und Gott in ihm. Darin ist die Liebe bei uns zu ihrem Ziel gekommen, daß wir Freimut haben am Tag des Gerichts; denn wie er, Jesus selbst, so sind auch wir in dieser Welt. Angst ist nicht in der Liebe, sondern die vollkommene Liebe treibt die Angst aus; denn die Angst rechnet mit Strafe. Wer sich ängstigt, ist nicht vollkommen in der Liebe. Laßt uns lieben; denn ER hat uns zuerst geliebt.

1. Johannesbrief 4,16–19

„In der Welt habt ihr Angst!" Jesus sagt das. Ich finde es befreiend, daß er uns so anspricht. Das ist, wie wenn man lange einen Kummer mit sich herumträgt und dann endlich einer kommt und sagt: „Du, ich merke, es geht dir gar nicht gut!" Auf einmal kann man's loswerden, was einen drückt, und das tut gut.

„In der Welt habt ihr Angst", dieses Wort ist geeignet, Schleusen bei uns zu öffnen; dann bricht hervor, was sich dahinter angestaut hat: „Ja, Herr, gut, daß du es ansprichst; es ist wahr: Wir haben Angst."

Unsere Angst hat viele Gesichter: Wir haben teil an dem Klima der Angst, das unser Land erfaßt hat. Wir haben Angst vor dem, was kommt: vor einer möglichen Weltkatastrophe, die wir Menschen uns selbst bereiten; vor dem Tod, der jedem von uns auflauert. Manchmal, da haben wir sogar Angst vor dem Leben.

Ich merke, es fällt mir schwer, gerade dieses Gesicht der

Angst, die Lebensangst, richtig zu erfassen und zu erklären. Nicht wahr, wenn einer Angst hat, weil sein Leben in Gefahr ist, dann kann man das ja noch verstehen.

Aber wie soll man erklären, daß einer Angst hat vor dem Leben selbst? Da ist zum Beispiel ein junger Lehrer. Er lebt in einer norddeutschen Kleinstadt. Es geht ihm gut. Er hat alles, was er zum Leben braucht. Er hat sogar Erfolg im Beruf, ist bei Schülern und Kollegen beliebt. Eines Tages schreibt er ein Gedicht mit der Überschrift „Angst". Das Gedicht lautet:

Am frühen Morgen schon
Herzbeklemmen
und einen Kloß im Hals.

Wie komme ich
heute bloß
über die Runden?

Harald Kruse

Genau! so wird mancher von uns sagen, diese Angst kenne ich auch! Wie soll ich sie nur erklären? Die Leute sagen mir immer wieder, wie gut ich's habe und wie sicher ich auftrete, und äußerlich fehlt's mir auch wirklich an nichts. Aber da drinnen, da sieht's anders aus. Da zittere ich manchmal wie ein Kind. Ich habe Angst, ich schaff's alles nicht; ich tauge nichts; ich kann nicht bestehen vor den anderen. Und dann habe ich einfach Angst, den Tag anzufangen und zu leben. Ich komme mir vor, als habe man mich in eine weite, endlose Wüste versetzt, ganz allein, dem Leben ausgesetzt. Nicht Bedrohung, nicht Gefahr wecken meine Angst, sondern das Uferlose, die fehlende Orientierung, das Alleinsein. Wen wundert's, daß in solcher Einsamkeit die Angst vor dem Leben ausbricht.

Einen Mann wie Elia hat diese Lebensangst buchstäblich in die Wüste getrieben. Überzeugt davon, er sei allein übriggeblieben, ging er hin in die Wüste, eine Tagesreise weit – so heißt es 1. Könige 19 – „und kam und setzte sich unter einen Wacholder und wünschte sich zu sterben und sprach: ‚Es ist genug. So nimm nun, Herr, meine Seele, ich bin nicht besser als meine Väter.'" – Ich bin sicher, viele von uns kennen Augenblicke, da sind ihnen die Worte Elias wie aus dem Herzen gesprochen.

Aber ich denke, wir müssen doch noch genauer fragen, wie es kommt, daß Menschen in solche Lebensangst geraten. In einer Stadt im Ruhrgebiet gab es vor einiger Zeit unter Fachleuten eine Diskussion über die Ursachen der Angst junger Menschen. Die einen vermuteten, die Angst rühre her von der allgemeinen Unsicherheit der Zukunft; die anderen nahmen an, die Jugendlichen hätten Angst, eines Tages wie die Erwachsenen zu werden. Eine Umfrage unter jungen Menschen ergab, daß es die Gegenwart ist, die ihnen Angst bereitet, der Alltag, das Fertigwerden mit der sie unmittelbar berührenden Umwelt. Auch haben sie keine Angst davor, wie die Erwachsenen zu werden; aber sie haben Angst vor den Erwachsenen: Angst vor den Erwartungen, die Erwachsene an sie stellen, in der Schule, im Beruf, im Elternhaus; Angst, die Erwachsenen könnten sie falsch einschätzen und mit ihren Erwartungen überfordern.

Mir ist an diesem Beispiel wichtig, daß die Lebensangst unter uns Menschen offenbar nichts Schicksalhaftes ist, sondern wir selbst sind es, die sich gegenseitig Angst machen. Natürlich kann man nicht nur die Erwachsenen für die Angst der Jugendlichen verantwortlich machen. Jeder ist zugleich auch für seine Angst verantwortlich. Und auch die Erwachsenen handeln aus Angst, die sie sich selber – oder die ihnen andere · machen. Es ist eine unheimliche Verstrickung, in die wir uns verfangen haben und in der jeder an seiner eigenen Angst und an der Angst der anderen weiterstrickt.

Kennen wir das nicht gerade in unserer Gemeinde in Bethel, wie man da unversehens hineingerät? Gewollt oder ungewollt stellen wir hohe Erwartungen und Forderungen auf für unser Verhalten und für unser Zusammenleben, und wir fordern diese um so leidenschaftlicher ein, je weiter wir hinter ihrer Erfüllung zurückbleiben: Wir müßten eigentlich viel enger Gemeinschaft halten! Ihr könntet öfter mal zur Andacht gehen! Sie sollten ein Vorbild sein für die Jugend! Er könnte wesentlich mehr Engagement zeigen! Du – du hättest längst mal einen Besuch machen müssen! Und ich – ja natürlich setze ich mich auch selber unter Druck: ich müßte noch mehr tun, noch fröhlicher sein, noch entschiedener auftreten, noch mehr Zeit haben, noch mehr beten – und das alles fordern wir uns selbst und anderen in allerhöchstem Namen ab. Was wunder, daß wir uns mit diesen Forderungen überfordern; daß wir vor unserer höchsten Instanz nicht mehr bestehen können und daß wir uns wie von selbst in die Einsamkeit der Lebensangst verstricken.

Die Bibel erzählt auf den ersten Blättern die Geschichte unserer Lebensangst und ihre Hintergründe. Da waren Menschen, die hatten alles, was sie brauchten, wirklich alles; sie lebten im Einklang mit sich selbst, in Offenheit einer für den anderen; denn sie lebten im Einklang mit Gott. Angst kannten sie nicht. Aber dann kommt der verführerische Gedanke auf: Wir könnten mehr sein, könnten selber festsetzen und fordern, was gut und böse ist. Wir könnten sein wie Gott! Kaum sind sie der Versuchung erlegen, da gehen ihnen die Augen auf. Sie verhüllen sich voreinander. Sie verstecken sich vor Gott.

Als Gott sie stellt, sagt einer von ihnen offen: „Ich hörte dich – und hatte Angst." Da steht das Wort zum ersten Mal in der Bibel: Angst! Jetzt werden die Zusammenhänge klar: Unser Allmachtswahn, unsere teuflische Begierde, miteinander umzugehen, als seien wir Gott selbst, sie stürzen uns in Einsamkeit und Lebensangst. Um es direkt zu sagen: Wir werden mit unserer Angst allenfalls ein bißchen kokettieren, aber wir werden ihrer nicht Herr werden, solange wir uns dem nicht stellen, daß sie eine Folge unserer Sünde gegen Gott ist.

Jetzt haben wir die Chance, uns dem zu stellen. Gott gibt uns diese Chance. Er geht dem Menschen nach, der sich in seinem Größenwahn in die Gottesferne verstiegen hat. Er kriecht hinter ihm her bis in das Versteck, in das ihn die Lebensangst getrieben hat. „Adam, wo bist du?" So ruft er. Jetzt muß Adam herauskommen und sich stellen. Und dann wird offenkundig, woher die Angst rührt: „Vater, ich habe gesündigt gegen den Himmel und vor dir. Ich habe mein Leben ohne dich, nach meinen eigenen Maßstäben und Gesetzen gestalten wollen. Ich bin damit gescheitert. Ich bin hinfort nicht wert, daß ich dein Sohn heiße."

Hören wir die Stimme, die uns ängstliche, in uns selbst versteckte Sünder ans Licht ruft? „Adam, wo bist du?" Hören wir auch den besonderen Ton heraus, der in diesem Ruf mitschwingt: Gott hat den Sünder lieb! Gott geht dem Sünder nach – nicht wie die Polizei dem Verbrecher, um ihn dem Gericht und der Strafe zuzuführen. Nein, er geht uns nach, um uns in die Sonne seiner Liebe zu holen.

Wir sind hier an dem Punkt, auf den bereits die drei vorhergehenden Predigten unserer Reihe hinausliefen: Gottes Antwort auf die Angst, in die wir uns verstrickt haben, ist die Liebe. Darin gründen wir. Mir liegt daran, daß wir's uns auf der einen Seite nicht zu leicht machen mit dieser Liebe. Gott liebt den Sünder nicht etwa so, wie mancher Snob eben auch mal was Exotisches mag. Nein, wenn Gott uns aus unserer Einsamkeit und Angst herausholt, so geht's dabei in Wahrheit auch vor den Richter, aber dieser Richter zieht den Urteilsspruch auf sich. Er erleidet die Angst der Gottesferne an seinem eigenen Leib. Und wenn er dann an unserer Stelle schreit: „Mein Gott, mein Gott, warum hast du mich verlassen?", dann nimmt er unsere Strafe auf sich. „Darin", so sagt Johannes, „darin kommt die Liebe zu ihrem Ziel, damit wir am Tage des Gerichts – ja nun nicht mehr Angst, sondern – Freimut haben, Zuversicht, einen freien, unbändigen, fröhlichen Mut." Seit er in seiner Liebe Urteil und Strafe auf sich genommen hat, haben wir Menschen kein Recht mehr, uns mit Forderungen zu bedrängen und Angst zu machen. Er hat uns doch freigeliebt.

Darum sollten wir's uns andererseits auch nicht schwermachen mit der Liebe. „Gott ist Liebe, und wer in der Liebe bleibt, der bleibt in Gott und Gott in ihm." Eine Bleibe ist Gottes Liebe, wie ein Zuhause, in dem man wohnen und leben und sich wohlfühlen kann. Können Sie sich vorstellen, daß der Vater dem verlorenen Sohn, als er wieder zu Hause war, zunächst einmal die Hausordnung zur Unterschrift vorlegte? Ich kann mir das nicht vorstellen. Im Gegenteil! Er hat sich zu ihm gesetzt, und sie haben gefeiert. In der Bleibe der göttlichen Liebe ist kein Platz mehr für Angstmacher, weder für fromme Nadelstiche noch für selbstquälerische Gewissensbisse. Die vollkommene Liebe treibt die Angst aus. Wohlgemerkt, die Botschaft des Bußtages kommt nicht mit dem Knüppel der Drohung über uns, sie lautet vielmehr: „Das Himmelreich ist euch ganz nahe!" Ihr könnt darin leben und zu Hause sein, in dieser Bleibe, in der die Liebe alle Angst vertreibt. Ich denke, das ist eine gute Nachricht auch für die Art, wie wir zusammenleben und miteinander umgehen. – Es ist gut drei Wochen her, da feierten wir in einem Dorf in Tansania Gottesdienst. Wie so oft sangen wir: „Gott ist die Liebe, läßt mich erlösen, Gott ist die Liebe, er liebt auch mich." Wir feierten Abendmahl zusammen. Auf dem Grasboden der Kirche, mitten unter der Gemeinde, und doch etwas für sich, saß eine Frau. Als sie sich erhob, sah man die verstümmelten Hände und Füße. Sie hatte Aussatz. Sie nahm den Wein aus einem besonderen Becher, sonst gehörte sie ganz dazu, mit uns Gast am Tisch des Herrn. Später hieß es, Gemeindeglieder hätten ihr im Dorf ein Haus gebaut und brächten ihr regelmäßig zu essen. „Die vollkommene Liebe treibt die Angst aus." Menschen mit Jesus treiben buchstäblich die Angst durch Liebe aus und setzen sich mit Aussätzigen und Ausgestoßenen an einen Tisch: mit Ausländern, mit Stadtstreichern, mit Zweiflern, sogar mit ihren Feinden. Sie brauchen nicht weiterzustrikken an ihrer Lebensangst, sie erfahren buchstäblich, wie die Liebe die Verstrickungen löst.

Es wird zwar nicht ausbleiben, daß Menschen gerade um solcher Liebe willen Haß ernten. Und das könnte aufs neue Angst machen. Aber hat Jesus nicht gerade seinen Jüngern gesagt: „In der Welt habt ihr Angst"? Dabei wird's wohl bleiben! Aber er hat auch gesagt: „Seid getrost, ich habe die Welt überwunden!" Darum: Laßt uns lieben! Laßt uns immer aufs neue lieben! Denn er hat uns zuerst geliebt.

Herr, unser Gott, du liebst diese Welt. Das hast du durch den Tod und die Auferweckung Jesu Christi festgemacht. Und jetzt umgibst du jeden Menschen mit deiner Liebe. Jeden holst du heraus aus seiner Einsamkeit. Jeden befreist du von seinem Größenwahn. Jeden erlöst du von seiner Lebensangst. Dafür danken wir dir.

Wir nennen dir heute Menschen, für die wir deine befreiende Liebe ganz besonders erhoffen und erbitten:
Wir bitten dich für die leprakranke Frau in Tansania und für alle, die hungrig sind in diesem Land. –
Deine Liebe treibt die Angst aus.

Wir bitten dich für Juri Andropow, den neuen Führer in Moskau, und für alle, denen du auf Zeit Macht anvertraut hast. –
Deine Liebe treibt die Angst aus.

Wir bitten dich für Christian Klar und für alle, die in Haß und blinde Gewalt flüchten. –
Deine Liebe treibt die Angst aus.

Wir bitten dich für den, der morgen früh wieder mit Herzbeklemmen aufsteht und für alle, die nicht wissen, wie sie über die Runden kommen sollen. –
Deine Liebe treibt die Angst aus.

Wir nennen dir ein jeder seinen eigenen Namen und danken dir, daß deine Liebe uns Raum gibt, ganz persönlich mit dir zu sprechen. –
Deine Liebe treibt die Angst aus.

Dafür danken wir dir.
Amen.

Johannes Busch

Die Autoren:

Friedemann Gottschick ist Kantor der Zionsgemeinde Bethel.

Alfred Jäger ist Professor für Systematische Theologie an der Kirchlichen Hochschule Bethel.

Wilhelm Gysae ist Pastor in der Anstaltsleitung Bethels.

Traugott Stählin ist Professor für Praktische Theologie an der Kirchlichen Hochschule Bethels.

Johannes Busch ist Pastor und seit 1980 Leiter der v. Bodelschwinghschen Anstalten Bielefeld-Bethel.